1*

Grundriß
des gesamten
deutschen Rechts
in Einzelausgaben
von
Paul Posener.

7. Band.

Wechselrecht. Seerecht.

Berlin 1901.
J. J. Heines Verlag.

Abkürzungen.

B = Bürgerliches Gesetzbuch.
C = Strafprozeßordnung.
E = Einführungsgesetz zu —.
G = Gerichtsverfassungsgesetz.
H = Handelsgesetzbuch.
K = Konkursordnung.
L = Landesrecht.
N N = Nürnberger Novellen.
R O H G = Reichsoberhandelsgericht.
R V = Reichsverfassung.
S = Strafgesetzbuch.
V U = preußische Verfassungsurkunde.
W = Wechselordnung.
Z = Zivilprozeßordnung.

Die folgende Zahl giebt den Artikel oder Paragraphen an.

Vorwort.

Der Darstellung des Wechselrechtes geht eine Besprechung der Lehre von den **Wertpapieren** voraus, die hier am besten ihren Platz findet. Aus dem Zivilprozeßrechte ist, wie ich bereits in Band 9 meines Grundrisses bemerkt habe, der Urkunden- und Wechselprozeß hierher genommen worden.

Angeschlossen ist als zweite Abteilung das **Seerecht**, eine Materie, die im Zusammenhange mit dem Handelsrechte sonst eine stiefmütterliche Behandlung erfahren würde.

Dieser Band ist der siebente der ersten Abteilung meines Grundrisses, die das **bürgerliche Recht** umfaßt. In der zweiten Abteilung wird das gesamte **öffentliche Recht**, die **Rechtsgeschichte** in der dritten dargestellt.

Breslau 7, im Oktober 1901.

Posener.

Inhaltsverzeichnis.

1. Abteilung:

Wechselrecht.

1. Kapitel:

Wertpapiere.

2. Kapitel:

Wechselrecht.

1. Abschnitt:

Allgemeine Bemerkungen.

2. Abschnitt:

Der gezogene Wechsel.

3. Abschnitt:

3. Kapitel:

Wechselverfahren.

2. Abteilung:

Seerecht.

1. Abteilung:

Wechselrecht.

1. Kapitel.

Wertpapiere.

§ 1. Wesen und Art der Wertpapiere.

B 437, 372, 700_2 702, 1818; H 429_2.

Urkunden können deklaratorisch, konstitutiv, oder Wertpapiere sein, oder die eine mit der anderen dieser Eigenschaften verbinden.

Ueber deklaratorische und konstitutive Urkunden siehe w. u.

Wertpapiere sind solche Urkunden über Ansprüche des bürgerlichen Rechtes, deren Verwertung von der Verfügung über die Urkunde selbst abhängig ist.

Andere Bezeichnungen: dispositive Urkunden, weil durch Verfügung über die Urkunde auch über den Anspruch selbst disponiert wird; — formelle Wertträger, weil der Wert des Anspruches im Papiere verkörpert erscheint.

Wertpapiere sind auch Beweisurkunden; — sie können auch konstitutiv sein, wenn sie zur Begründung des Rechtsverhältnisses erforderlich sind (dies nicht immer der Fall). Zu unterscheiden **Skripturobligationen,** die über obligationenrechtliche Ansprüche **ausgestellt** sind, und **sachenrechtliche** Wertpapiere, die dingliche Rechte zum Gegenstande haben. Ueber diese sachenrechtlichen Wertpapiere vgl. Grundriß Band 6.

Beispiele für Forderungspapiere: Wechsel, Effekten, d. h. Wertpapiere mit Börsen- oder Marktpreis, Aktien, Kuxe.

Präsentationspapier: Empfang der Leistung ist nur gegen Vorzeigung des Papieres möglich, Schuldner gerät erst durch Präsentation des Gläubigers in Verzug.

Funktionen eines konstitutiven Wertpapieres, das zugleich Präsentationspapier ist, sind dreierlei (nach Kuntze):

1. **Genitalfunktion**: Wertpapier ist für Entstehung der Obligation wesentlich,

2. **Vitalfunktion:** Uebertragung, Verwertung rc. ist nur durch Verfügung über das Papier möglich,

3 **Finalfunktion:** Tilgung der Forderung erfolgt mittels Unterganges des Wertpapieres gegen Vorweisung des Papieres.

Geldpapier: Wertpapier, das das Versprechen einer Geldleistung enthält. — **Kreditpapier.**

Verkäufer eines Wertpapieres **haftet** für den rechtlichen Bestand des in dem Wertpapiere bezeichneten Rechtes, überdies haftet er noch dafür, daß es nicht zum Zwecke der Kraftloserklärung aufgeboten ist.

Wertpapiere sind zur öffentlichen **Hinterlegung** geeignet. Bei der **Verwahrung** von Wertpapieren ist die Annahme eines depositum irregulare nur zuläſſig, wenn dies ausdrücklich vereinbart ist. Bei **Einbringung** von Wertpapieren haftet der Gastwirt im allgemeinen nur bis zu 1000 Mark.

Einteilung der Wertpapiere:

1. nach dem **Gegenstande:** Geldpapiere und Warenpapiere;

2. nach dem **Aussteller:** Staatspapiere, Korporationspapiere, Privatpapiere;

3. nach dem **Anspruche:** Forderungspapiere, sachenrechtliche Papiere;

4. nach der **causa:** individualisierte Wertpapiere, das sind solche, die die causa nennen, und nichtindividualisierte Wertpapiere, die die causa nicht nennen.

Einteilung der Skripturobligationen in einfache und gezogene Papiere bedeutet:

a. **einfache Papiere** verpflichten den Aussteller durch Begabung primär und ohne weiteres; enthalten ein Leistungs- oder Zahlungsversprechen, z. B. eigener Wechsel, Polize, Verpflichtungsschein;

a. **gezogene oder trassierte Papiere:** Aussteller haftet nur, wenn der Gläubiger zuvor bei dem im Papiere genannten Bezogenen oder Trassaten Erfüllung nachgesucht hat, ohne sie zu erhalten; demnach ist Inhalt der Tratte ein Zahlungsauftrag, dem innerlich das Leistungsversprechen des Ausstellers zu Grunde liegt.

„**Trassieren**" kommt von rom. trassare (ziehen), trahere.

Einteilung der Wertpapiere nach der Negoziabilität:

1. **Inhaberpapier**: jeder Inhaber kann das verbriefte Recht geltend machen, ohne den Nachweis seiner Berechtigung zur Innehabung; bei Bestreiten dieser Berechtigung trifft den anderen die Beweislast.

2. **Orderpapiere:** Inhaber muß sich als solcher legitimieren, aber Ausnahmen; vgl. w. u. Seite 6.

3. **Rektapapiere**: Gläubiger ist in dem Papiere genannt, muß sich legitimieren (ohne daß die erleichternden Ausnahmen wie zu 2 bestehen).

4. **Blankopapiere:** Name des Gläubigers ist noch nicht genannt, vielmehr befindet sich an dessen Stelle ein leerer Platz zur späteren Einfügung von dessen Namen.

§ 2. Wertpapiere im Verkehre.

Ueber **Entstehung der Wertpapiere** hat sehr lange Streit bestanden. — **Theorien**:

1. **Kreationstheorie (Kuntze, Dernburg, Gerber)**: Verpflichtung entsteht durch den **einseitigen** Akt der Ausstellung und wird durch Besitzergreifung (auch gegen den Willen des Ausstellers) wirksam; wird also das Papier gestohlen, so ist Aussteller auch gegenüber dem Diebe und dessen Nachmännern verpflichtet; er kann jedoch dem Diebe und dessen unredlichen Nachmännern die exceptio doli entgegenstellen.

2. Begebungs- oder **Vertragstheorie (Goldschmidt, Brunner, Gierke, Dahn, Gareis)**: Verpflichtung entsteht durch Schreiben, Geben, Nehmen, demnach nur dadurch, daß der Aussteller das Papier **mit dem Willen** sich zu verpflichten weiter giebt und der andere es annimmt.

Innerhalb dieser Theorie noch einzelne Verschiedenheiten.

3. **Emissionstheorie (Stobbe)**: Verpflichtung entsteht aus dem bloßen Fortgeben des Papieres.

4. **Pendenztheorie (Foerster, Rießer, von Ihering)**: bis zur Geltendmachung ist nur eine mögliche Gläubigerschaft vorhanden.

5. **Eigentumserwerbstheorie (Randa).**

6. Annahme eines Vertrages mit einer incerta persona **(von Savigny).**

Umlauf der Wertpapiere ist je nach Benennung des Gläubigers verschieden; Inhaber- und Blankopapiere werden begeben, d. i. Uebergabe von Hand zu Hand; Orderpapiere werden indossiert; Rektapapiere werden zediert.

Untergang durch Vernichtung des Papieres, aber auch durch gerichtliche Kraftloserklärung.

§ 3. Wertpapiere im Allgemeinen.

B 793 bis 808, 118, 119, 123; Z 1003 bis 1024.

Ausstellung erfolgt durch einseitiges, nicht empfangsbedürftiges Rechtsgeschäft; daher hierüber wegen der Giltigkeit die allgemeinen Regeln.

Ausstellung von Inhaberpapieren auf bestimmte Geldsummen nur mit staatlicher Genehmigung zugelassen; in Preußen werden hierzu die Ministerien vom Könige ermächtigt.

Ohne staatliche Genehmigung können Papiere auf unbestimmte Geldsumme oder Papiere auf Waren ausgestellt werden.

Wesentliches Erfordernis ist Unterschrift des Ausstellers; geschrieben oder faksimiliert. Jedoch kann der Aussteller in dem Texte des Inhaberpapieres besondere Formvorschriften angeben, die dann beobachtet werden müssen.

Eigentum am Inhaberpapiere hat zuerst der Aussteller, sodann der, der es von ihm erhält, jedoch erwirbt man auch **ohne** Begebung das Papier vom Diebe ꝛc., wenn man im guten Glauben ist.

Erfüllung kann der Gläubiger nur durch Vorlegung des Inhaberpapieres erlangen; ist keine besondere **Vorlegungsfrist** angegeben, dann läuft sie von der Fälligkeit an 30 Jahre lang; wird innerhalb der Frist das Papier nicht vorgelegt, dann **erlischt** die Forderung.

Aushändigung des Papieres erfolgt gegen Erfüllung, sog. Einlösung.

Verjährung: zwei Jahre.

Einwendungen des Ausstellers sind nur solche, die die Giltigkeit der Ausstellung betreffen oder sich aus der Urkunde ergeben, oder dem Aussteller unmittelbar gegen den Inhaber zustehen.

Nießbrauch und **Pfandrecht** an einem Inhaberpapiere; *darüber Note A.*

Zur **Kraftloserklärung von Inhaberpapieren**, die abhanden gekommen oder vernichtet sind, erfolgt auf Antrag des bisherigen Inhabers zuerst Aufgebot, sodann, falls keine Meldung ergeht, Kraftloserklärung im Wege des Ausschlußurteiles. **Zuständig** ist das Gericht des Ortes, der in der Urkunde als Erfüllungsort bezeichnet ist; in Ermangelung dessen das Gericht des allgemeinen Gerichtsstandes des Ausstellers.

Bei **Beschädigung** eines Inhaberpapieres hat der Aussteller ev. ein neues Exemplar zu übergeben.

§ 4. Besondere Arten der Inhaberpapiere.

B 799.

Reichskassenscheine und Banknoten sind unverzinsliche ohne Kündigung zahlbare Inhaberpapiere.

Aussteller der Reichskassenscheine ist gemäß Reichsgesetz vom 30. April 1874 das Reich; Ausgabe der Reichskassenscheine erfolgt zu 50, 20, 5 Mark. Unterzeichnet von der Reichsschuldenverwaltung; sonst lediglich Angabe des Nennwertes enthaltend.

Banknoten werden von den hierzu privilegierten Banken gemäß Reichsbankgesetz vom 14. März 1875 und Gesetz vom 7. Juni 1899 ausgegeben, und zwar in Höhe von 100, 500, 1000 Mark.

Kraftloserklärung von Reichskassenscheinen und Banknoten ist **nicht** zugelassen; jedoch wird bei genügendem Nachweise diese moralische Pflicht erfüllt.

Privilegierte Banken sind z. B. Reichsbank, bayrische Notenbank ꝛc.

Ueber Anleihescheine, Pfandbriefe etc. Note A.

Zinsscheine oder Koupons; Erneuerungsscheine oder Talons; Renten- und Gewinnanteilscheine; — Kraftloserklärung dieser Scheine, sowie der auf Sicht zahlbaren unverzinslichen Schuldenverschreibungen ist unzulässig.

Inhabermarken sind Inhaberpapiere, die nicht zu öfterem Umsatz bestimmt sind, z. B. Theaterbillets, Eisenbahnfahrkarten.

Hier zur Ausstellung keine staatliche Genehmigung erforderlich, Kraftloserklärung ist unzulässig.

§ 5. Orderpapiere.

H 363; W 9.

Orderpapiere sind: kaufmännische Anweisung, kaufmännischer Schuldschein, Wechsel, Konnossement, Ladeschein, Lagerschein, Bodmereibrief, Transportversicherungspolize.

Ausstellung: durch einseitiges, nicht empfangsbedürftiges Rechtsgeschäft des Ausstellers; **staatliche Genehmigung** wird lediglich bei Lagerscheinen an Order verlangt.

Orderklausel ist positiv oder negativ. Beim Wechsel versteht sich die positive Orderklausel von selbst, daher deren Hinzufügung nicht nötig; bei den anderen ist Hinzufügung der positiven Orderklausel erforderlich.

Gläubiger muß in dem Orderpapiere bezeichnet sein.

Eigentümer ist zuerst der Aussteller, sodann der Gläubiger; **Weiterbegebung** durch Indossament oder Giro. **Indossament** ist ebenso wie Aufstellung ein einseitiges, nicht empfangsbedürftiges Rechtsgeschäft.

Orderpapier kann durch Blankoindossament in ein Blankopapier **umgewandelt** werden.

Ueber Niessbrauch und Pfandrecht am Orderpapiere Note A.

Für **Rechtmäßigkeit** des Inhabers gilt gesetzliche Vermutung; überdies gilt für den Schuldner das **Recht,** an jeden Inhaber **ohne Prüfung** der Legitimation zu leisten.

Kraftloserklärung abhanden gekommener oder vernichteter Orderpapiere ebenso wie bei den Inhaberpapieren; jedoch ist Zahlungssperre hier unzulässig.

Rektapapier ist das Orderpapier, das mit Zustimmung von Aussteller und Gläubiger keine positive Orderklausel (beim Wechsel eine negative Orderklausel) enthält.

Umwandlung in entsprechender Weise.

§ 6. Rektapapiere.

Ausstellung erfolgt durch Vertrag ohne staatliche Genehmigung. Gläubiger kann in dem Papiere genannt sein, dies jedoch nicht immer erforderlich.

Geltendmachung durch Vorlegung des Papieres. Aussteller hat gegenüber jedem Gläubiger auch die **Einwendungen,** die gegenüber dessen Rechtsvorgängern begründet sind.

§ 7. Andere Urkunden.

EB 99, 103.

Legitimationspapiere sind Urkunden über Forderungen, bei denen der Schuldner an jeden Inhaber ohne Prüfung der Legitimation **leisten kann.** In einzelnen Fällen ist Schuldner zur Leistung auch an jeden Inhaber **verpflichtet** (Inhaber- und Blankopapiere); hingegen bei den **hinkenden Inhaberpapieren** ist er berechtigt, die Legitimation zu prüfen, z. B. Garderobenmarken.

Sparkassenbücher der staatlich bestätigten, also öffentlichen Sparkassen sind im allgemeinen Legitimationspapiere; wenn der Gläubiger genannt ist, sind sie auch Rektapapiere.

Durch die Satzung kann die Sparkasse bestimmen, daß das Sparkassenbuch **nur als Beweisurkunde** gelte.

Im Uebrigen kommt für die öffentlichen Sparkassen das **L** in Betracht.

Bayern: abhanden gekommene oder vernichtete Sparkassenbücher können auch außergerichtlich, durch die öffentliche Sparkasse selbst, für kraftlos erklärt werden.

Württemberg: gerichtliche Kraftloserklärung ist ausgeschlossen, Kraftloserklärung erfolgt **nur** durch die Sparkasse selbst.

2. Kapitel:

Wechselrecht.

1. Abschnitt:

Allgemeine Bemerkungen.

§ 8. Begriffe.

Wechsel: an bestimmte Form gebundener Schuldschein, der die Eigenschaft eines echten Orderpapieres hat: Gegenstand des Wechsels ist ein vom Schuldgrunde losgelöstes (daher: abstraktes) Summenversprechen.

Hervorragende Bedeutung des Wechsels beruht auf: der **leichten Begebbarkeit;** der Möglichkeit, durch den Wechsel im Umlaufe **bares Geld** zu ersetzen (daher nie: Warenpapier); der materiellen und formellen **Wechselstrenge.**

Einteilungen der Wechsel:

1. **gezogener** Wechsel und **eigener** Wechsel;

2. **Distanzwechsel** (Zahlungsort ist vom Ausstellungsorte verschieden) und **Platzwechsel;**

3. **Domizilwechsel** (Zahlungsort ist vom Wohnorte des Bezogenen verschieden);

4. Datowechsel, Sichtwechsel ꝛc. je nach der **Zahlungszeit,** insbesondere Tagwechsel oder Präzisewechsel, d. i. auf bestimmten Tag gestellt, z. B. Ultimowechsel (am letzten Tage des Wechselmonates), Mediowechsel (am 15. des Monates), Meßwechsel (an gesetzlich bestimmtem Tage der Messe);

5. **Orderwechsel,** Rektawechsel.

Keine besondere Bedeutung hat der **Hypothekenwechsel,** d. i. ein durch Hypothek versicherter Wechsel.

Zu merken sind folgende **im Verkehre übliche Bezeichnungen:**

1. eigen-gezogener oder **trassiert-eigener Wechsel** ist an eigene Order gerichtet: „zahlen Sie an meine Order," Adresse: „Auf mich selbst";

2. **Interimswechsel** ist ein Interimsschein in Wechselform;

3. Rückwechsel oder **Ritratte:** Wechselinhaber zieht hierdurch den nicht bezahlten oder nicht angenommenen Wechsel nebst Kosten auf seinen Vormann;

4. **Devise:** Wechsel auf ausländische Plätze;

5. **Kundenpapier:** Wechsel über gekaufte Waren;

6. **Kommissionswechsel** wird im Auftrage eines Dritten und für dessen Rechnung ausgestellt.

7. **Blankowechsel** ist nur durch Blankoindossament möglich;

8. **Zinsenwechsel:** nach N N IV gilt Zinsversprechen als nicht geschrieben;

9. Wechsel von der Hand; gemachter Wechsel;

10. **präjudizierter** Wechsel: Inhaber kann hieraus nicht Regreß nehmen;

11. **Depotwechsel:** zur Sicherheit für ein Darlehen ausgestellt oder für aufzubewahrende Effekten.

Unerlaubte oder ungiltige Formen des Wechsels:

1. **Ratenwechsel** enthält mehrere Zahlungstermine; dieser Wechsel ist ungiltig. (Nicht hiermit zu verwechseln, daß der Schuldner berechtigt ist, in Raten zu zahlen.)

2. **Inhaberwechsel** ist ungiltig.

3. **Wechselreiterei:** mehrere Personen arbeiten einander in der Form in die Hände, daß der eine beim Verfalltage seine Wechsel durch Akzepte des anderen deckt. Man versteht auch darunter den durch **Reitwechsel** betriebenen falschen Wechselhandel, oder den Wechselverkehr ohne bare Unterlage.

4. **Kellerwechsel** ist Wechsel mit gefälschter Unterschrift oder mit dem Akzepte einer nicht existierenden Person.

5. **Bastardwechsel** ist Wechsel mit fingierter Firma.

§ 9. Geschichte.

Mitte des 12. sc. findet sich **in Italien** das cambium manuale mit Orderklausel, jedoch nur als Eigenwechsel. Später zeigt sich für Distanzgeschäfte die Notwendigkeit, mangels eines am Zahlungsorte anwesenden Vertreters eine dort wohnende Person um Zahlung zu ersuchen. Aus dieser Verbindung von Eigenwechsel und Zahlungsanweisung ist der **gezogene** Wechsel im 13. sc. entstanden.

§ 10. Quellen.

Allgemeine deutsche Wechselordnung durch eine in Leipzig tagende Kommission am 9. Dezember 1847 fertiggestellt; von den deutschen Einzelstaaten als Landesgesetz verkündigt.

Für einzelne Streitfragen hat die in Nürnberg zur Beratung des H tagende Kommission 1858 acht Regeln, die sog. **N N,** vorgeschlagen; diese in den Einzelstaaten als Gesetz verkündigt.

Zur Zeit des deutschen Bundes ist die W nur eine **„allgemeine"**; also nicht gemeines Recht; vergleiche Grundriß Band 1, Seite 3.

Durch norddeutsches Bundesgesetz vom 5. Juni 1869 sind W und N N **gemeines Recht** des norddeutschen Bundes geworden; gegenwärtig (seit 1871) gemeines Reichsrecht.

Durch E H vom 10. Mai 1897 ist W 80 aufgehoben.

§ 11. Internationales Recht.

W 84 bis 86.

Für **Wechselfähigkeit** von Ausländern ist das Recht ihrer Heimat maßgebend; jedoch reicht es bei Eingehung von Verbindlichkeiten im Inlande schon aus, wenn er nach inländischem Rechte wechselfähig ist.

Für **wesentliche Erfordernisse** ist Errichtungsort entscheidend, auch für einen höheren als den inländischen **Regreß;**

es genügt jedoch für das Inland, daß die Erklärungen 2c. dem inländischen Rechte entsprechen; insbesondere bei Wechseln zwischen Inländern im Auslande.

Form der Wechselhandlungen nach dem Orte der Handlung; Prozeßrecht ist das des Gerichtes.

Ob und wann eine Wechselhandlung vorgenommen werden muß, beurteilt sich nach dem **Rechte des Ortes,** wo der betr. Verpflichtete sich verpflichtet hat. Insbesondere gilt dies, wenn ausländisches Recht den Verfall oder Protest **hinausschiebt:** nur für die dem ausländischen Rechte unterworfenen Personen bindend, namentlich **nicht** für Garanten, für die vermöge ihrer selbständigen Stellung das Recht des Verpflichtungsortes entscheidend ist. Nicht aber haben sich die deutschen Indossanten auf die Verlängerung der Haftfrist für die in Frankreich zahlbaren Wechsel auf die französischen Wechselmoratorien 1870 und 1871 berufen dürfen.

So hat R O H G entschieden bezüglich des französischen **Indultgesetzes** vom 13. August 1870.

2. Abschnitt:

Der gezogene Wechsel.

§ 12. Erfordernisse.

W 4 bis 7, 1 bis 3, 8.

Aeltere Theorien: Wechsel beruht auf Kauf, Mandat, Innominatkontrakt, ist ein nur akzessorisches Sicherungsmittel.

Papiergeldtheorie von **Einert:** Wechsel ist von der Veranlassung seiner Ausstellung losgelöst; er ist kaufmännisches Papiergeld.

Theorie von **Liebe:** Wechsel entsteht durch Formalakt in eigenartiger Form.

Kreationstheorie von Kuntze, Dernburg, Cosack, Grünhut; ähnlich Personifikationstheorie von Volkmar.

Vertragstheorie von Thöl, Goldschmidt, Gerber, Brunner, Gareis, Dahn.

Emissionstheorie ist nach Stobbe modifizierte Kreationstheorie, nach Gierke modifizierte Vertragstheorie.

Beispiel eines gezogenen Wechsels:

Berlin, den 11. Oktober 1901. **2000.— Mk.**

Gegen diesen meinen **Wechsel** zahlen Sie **an** Herrn Paul Schultze oder **dessen Order drei** Monate à dato **die Summe** von zweitausend Mark Reichswährung; Wert erhalten, **stellen ihn in Rechnung** laut Bericht.

Herrn Karl Müller in Guben. Emil Schmidt.

Personen sind hierbei:

Schmidt ist Aussteller oder Trassant, er zieht den Wechsel auf Müller.

Müller ist Bezogener oder Trassat (Adresse).

Schultze ist Remittent.

Wesentliche Erfordernisse des gezogenen Wechsels: Wéchsel Betrág Remittént Zeit Unterschrift Dátum Adréß Ort und **Zahlungsaufforderung.**

1. Im Kontexte muß das Wort **„Wechsel"** enthalten sein; fremde Ausdrücke hierfür, z. B. lettre de change, bill of exchange, dürfen im deutschen Wechsel nicht gebraucht werden.

2. Betrag der **Geldsumme** kann auch in Rechnungswährung (nicht-umlaufender Münze) ausgedrückt sein. Warenwechsel sind unzulässig.

Ist die Summe in Ziffern und in Buchstaben bezeichnet, so gilt bei Verschiedenheit das in **Buchstaben** Geschriebene. Ist die Summe mehrere Male, aber nur in Ziffern oder nur in Buchstaben geschrieben, dann gilt bei Verschiedenheit die **kleinere** Summe.

3. **Remittent,** d. i. derjenige, an den oder an dessen Order zu zahlen ist, muß genannt sein, er darf nicht ganz unbestimmt sein; Wechsel auf den Inhaber ist nicht gestattet, jedoch zugelassen ist Wechsel an eigene Order.

4. **Zeit** kann für die ganze Summe nur einheitlich sein. Als Zeitbestimmung kann angegeben sein: ein bestimmter Tag, Sicht (d. i. der Tag der Vorzeigung), eine Zeit nach Sicht, eine Zeit nach dato, die Messe, oder ein Markt.

5. Unterschrift des **Trassanten:** er muß handschriftlich selbst oder durch einen Bevollmächtigten den Wechsel unterzeichnen. Prokurist kann jederzeit Wechselverbindlichkeiten eingehen, Handlungsbevollmächtigter nur mit Vollmacht.

6. **Datum,** d. i. Angabe von Ort, Tag, Monat, Jahr der Ausstellung; es braucht keineswegs mit der Wirklichkeit übereinzustimmen.

7. **Adresse** ist der Name des Bezogenen oder Trassaten, d. i. derjenige, der zur Zahlung aufgefordert wird. Wohnort

ist hinzuzufügen, wenn kein besonderer Zahlungsort genannt wird. Beim Distanzwechsel kann Aussteller und Bezogener dieselbe Person sein, sog. trassiert-eigener Wechsel.

8. **Ort** der Zahlung; ist kein besonderer Zahlungsort angegeben, dann gilt der beim Namen des Bezogenen angegebene Ort als Wohnort des Bezogenen und zugleich als Zahlungsort; sind diese beiden Orte verschieden, dann heißt der Wechsel Domizilwechsel.

Wechsel muß in einer **lebenden** Sprache abgefaßt sein.

Aussteller haftet wechselmäßig für die Annahme des Wechsels durch den Bezogenen und für die Zahlung.

Zwischen Aussteller und Remittent kann ein besonderes Auftragsverhältnis bestehen, z. B. Inkassomandat; dies für den Wechsel unerheblich.

Sind mehrere Trassanten, dann Gesamtschuldverhältnis ohne Rücksicht auf ihre privatrechtliche Stellung zu einander.

Aval ist der Wechselbürge; Uebernahme der Wechselbürgschaft dadurch, daß seine Unterschrift unter die des Trassanten gesetzt wird.

Identität der fünf Wechselobligationen (nachgewiesen von **Thöl**):

1. Verpflichtung des **Ausstellers** gegenüber dem Remittenten;
2. Verpflichtung des **Indossanten** gegenüber dem Indossatar;
3. Verpflichtung des **Intervenienten** gegenüber dem Wechselinhaber;
4. Verpflichtung des **Avalen** gegenüber dem Wechselgläubiger;
5. Verpflichtung des **Akzeptanten** gegenüber dem Wechselgläubiger.

Keine Wechselforderungen sind: Forderung des Ausstellers auf Zahlung der Valuta und Forderung des Bezogenen auf Leistung von Deckung.

Valuta ist die Leistung des Remittenten an den Aussteller; Valutaverhältnis ist **nicht** wechselrechtlich. Valutaklausel z. B. „Wert in Waren erhalten" oder „Wert in bar."

Wenn Bezogener an den Berechtigten die Wechselsumme gezahlt hat, dann kann er vom Aussteller hierfür Ersatz oder Deckung verlangen; diese sog. **Revalierungsklage** ist nicht wechselrechtlich.

Regreßsumme ist Wechselsumme nebst Zinsen und Kosten; für diese sind Aussteller, Indossanten, Avale, wechselmäßig verpflichtet.

Materielle Wechselstrenge besteht darin, daß das Summenversprechen ohne Rücksicht auf den Schuldgrund giltig ist; jedoch hat der Schuldner gegen den klagenden Gläubiger **alle Einreden,** die ihm aus dem Inhalte der Urkunde oder gegen den Gläubiger unmittelbar zustehen oder die Giltigkeit seiner Erklärung betreffen.

Ueber **formelle** Wechselstrenge vgl. w. u. S. 22.

§ 13. Akzept und Zahlung.

W 21 bis 24; 30 bis 40, 19, 20.

Akzept erfolgt nach der Präsentation zur Annahme, d. h. Wechselinhaber zeigt dem Bezogenen den Wechsel vor, damit er durch Akzept oder Annahme sich wechselmäßig zur Erfüllung verpflichte. **Form** des Akzeptes: Querschreiben des Namens links vom Kontexte, z. B. „Angenommen Karl Müller."

Präsentation zur Annahme erfolgt ohne weiteres durch jeden Besitzer des Papieres, so z. B. durch die Postanstalt, die hierzu durch Postauftrag veranlaßt wird. Präsentation zur Annahme ist ein **Recht** des Wechselinhabers; in zwei Fällen besteht jedoch **Pflicht** zur Präsentation:

1. bei **Nachsichtwechseln,** damit vom Tage der Präsentation an die im Wechsel angegebene Frist laufe. Mangels besonderer Bestimmung hat dies binnen zwei Jahren zu geschehen, sonst wird wechselmäßiger Anspruch verloren. Erfolgt keine Annahme, dann Protest;

2. beim **Domizilwechsel,** bei dem also Wohnort des Bezogenen vom Zahlungsorte verschieden ist. Ist ein Zahlungsort zwar angegeben, jedoch nicht ein Domiziliat genannt, d. i. eine Person, die an diesem Zahlungsorte leisten soll, dann hat Trassat beim Akzepte den Domiziliaten zu nennen, sonst gilt **er selbst** als Zahlender am Zahlungsorte. Jedoch kann Aussteller ausdrücklich Präsentation beim Domizilwechsel vorschreiben, bei Nichtpräsentation wird Regreß gegen Aussteller verloren.

Domizilierung kann nur durch Trassanten erfolgen; Zweck ist, den Wechseln eine Direktion auf Wechselplätze (größe Geldverkehrszentren) zu geben.

Trassat ist wechselmäßig zur Leistung des Akzeptes nicht verbunden; jedoch zivilrechtliches Verhältnis, Akzeptvorverträge, Hinweis z. B.: „stellen in Rechnung laut Bericht." — Gefälligkeitsakzept.

Blankoakzept: Bezogener leistet schon vor der Ausstellung des Wechsels das Akzept.

Die einmal erfolgte Annahme kann nicht zurückgenommen werden; Akzeptant haftet allen Inhabern und auch dem Aussteller wechselmäßig aus dem Akzepte.

Limitiertes Akzept: Annahme erfolgt nur zu einem Teile; wegen des Restes erfolgt sodann Protest.

Zahlung erfolgt durch Bezogenen bei Präsentation zur Zahlung, und zwar zu der Zeit und an dem Orte, die vorgeschrieben sind.

Statt der Sonn- und Feiertage: der nachfolgende Werktag.

Für inländische Wechsel bestehen nicht mehr die **Respekttage,** d. i. kurze Hinausschiebung des Verfalltages. Jedoch sind durch W **Kassiertage** erlaubt, d. h. bestimmte Tage in der Woche zur Zahlung; diese sind aber durch L beseitigt.

Berechtigt zum Zahlungsempfange ist gegen Uebergabe des Wechsels und Quittung auf dem Wechsel jeder legitimierte Inhaber, also der **Remittent,** sowie jeder durch eine fortlaufende Kette von Indossamenten legitimierte Indossatar.

§ 14. Indossament.

W 9 bis 17; 36, 25, 29, 41, 49; H 395.

Indossament oder Giro ist die Form der wechselrechtlichen Zession, jedoch mit der Wirkung, daß hierdurch ein neuer Gläubiger und ein neuer Schuldner (nämlich der frühere Gläubiger) in das Wechselverhältnis eintritt.

Indossament wird auf die Rückseite des Wechsels oder auf eine Allonge gesetzt; das Wort kommt von in dorso. **Beispiel eines Indossamentes:**

„Für mich an Herrn Richard Jung.

Paul Schultze."

Funktionen des Indossamentes sind Transportfunktion und Garantiefunktion.

Transportfunktion: durch Indossament geht das Recht des gegenwärtigen Wechselgläubigers als selbständiges Recht auf den Indossatar über. Also erster Indossant ist der Remittent (Schultze); er indossiert als Indossant an den Indossatar (Jung). Jeder Indossatar kann immer weiter indossieren und wird hierdurch zum Indossanten.

Insbesondere **Diskontogeschäft:** Erwerb noch nicht fälliger Wertpapiere, namentlich Ankauf von Wechseln; Verkäufer heißt Diskonteur,

Käufer ist Diskontant; Diskonto ist der vom Wechselverkäufer verlangte Rabattabzug.

Garantiefunktion: jeder Indossant haftet wechselmäßig für die Einlösung des Wechsels. Jedoch kann Indossant durch die Hinzufügung „ohne Obligo" oder „ohne Gewähr" sich selbst von der Verbindlichkeit aus dem Indossamente befreien.

Beim **Rektawechsel** („nicht an Order") hat Indossament keine wechselmäßige Wirkung.

Arten der Indossamente:

1. **Vollindossamente** nennt außer dem Indossanten auch den Indossatar.

2. **Blankoindossament** enthält nur die Unterschrift des Indossanten, jedoch für den Indossatar wird ein Platz frei gelassen, den jeder Inhaber ausfüllen kann.

3. Beim **Rektaindossament** fügt Indossant die Worte „nicht an Order" bei; hierdurch haftet er, wenn trotz der Beschränkung weitere Indossierung erfolgt, späteren Indossataren nicht.

4. **Prokuraindossament** oder Inkassoindossament dient zur Bevollmächtigung; Indossatar kann Wechselsumme einziehen, Protest erheben, klagen; z. B. Bevollmächtigungsindossament für einen Rechtsanwalt. Im **Konkurse** des Prokuristen kann der Geschäftsherr den Wechsel als sein Eigentum aussondern; vgl. Grundriß Band 10, Seite 24.

Dem **Kommissionär** ist das Indossieren durch Rekta- oder Prokuraindossament untersagt.

5. **Nachindossament** ist durch den Wechsel nach Verfall gesetzt.

6. **Teilindossament** ist unzulässig und ungiltig.

§ 15. Regreß.

W 25 bis 29, 41 bis 55; 18, 36.

Voraussetzung eines jeden Regresses (abgesehen von dem Protesterlasse) ist rechtzeitige Erhebung des Protestes.

Protesterlaß ist die Hinzufügung „ohne Protest" oder „ohne Kosten"; hierdurch ist nur die Pflicht des Protestes, nicht aber das Recht ausgeschlossen.

Protest ist öffentliche Urkunde in bestimmter Form über gewisse vorgeschriebene Handlungen.

Arten des Protestes:

1. **Protest mangels Annahme** erfolgt, wenn trotz gehöriger Vorlegung kein Akzept erfolgt. Ist das Lokal des Trassaten 2c. geschlossen, so erfolgt der Protest gegen die Wand; eventuell Abwesenheitsprotest, wenn Wohnung nicht zu finden ist; wenn Trassat überhaupt nicht am angegebenen Orte wohnt, dann Protest in den Wind.

2. **Protest mangels Zahlung** erfolgt, wenn der Verpflichtete bei Präsentation zur Zahlung an gehörigem Orte keine Zahlung leistet. Zeit dieses Protestes ist der **Zahlungstag** oder der erste oder zweite Werktag nach dem Zahlungstage.

3. **Protest mangels Sicherheit** erfolgt, wenn Akzeptant in Konkurs gerät oder Zahlungen einstellt oder irgend eine Exekution fruchtlos gewesen ist. In diesem Falle kann jeder Inhaber Sicherheit erlangen, ev. von jedem Vormanne.

4. **Interventionsprotest** als Voraussetzung einer Ehrenannahme oder Ehrenzahlung.

Außerdem kommen vor: Protest mangels Herausgabe des verwahrten Wechselduplikates und mangels Herausgabe des verwahrten Originalwechsels.

Ueber Form des Protestes Note A.

Arten der Regresse:

1. **Regreß auf Sicherstellung mangels Annahme** erfolgt, wenn der Bezogene Annahme verweigert hat und Protest mangels Annahme erhoben ist. Inhaber kann vom Indossanten und Aussteller gegen Uebergabe des Protestes Sicherheit verlangen.

2. **Regreß auf Sicherstellung wegen Unsicherheit des Akzeptanten** erfolgt nach dem Proteste mangels Sicherheit.

3. **Regreß mangels Zahlung** ist Sprungregreß, regressus per saltum, d. h. jeder Inhaber kann sich an jeden beliebigen Vormann halten, er braucht nicht in der Reihenfolge zu bleiben, hat auch das Variationsrecht, d. h. er kann auch Regreß bei einem späteren Vormanne als dem zuerst in Anspruch genommenen nehmen.

Höhe des Regreßanspruches: Summe des Wechsels nebst 6 % Zinsen vom Verfalltage an, sowie Protestkosten und Auslagen und $1/3$ % Provision. *Ueber Retourrechnung und Rückwechsel Note B.*

Notifikationspflicht: Inhaber eines Wechsels mit Zahlungsprotest hat die Nichtzahlung dem Vormanne sofort schriftlich anzuzeigen, der Vormann seinem Vormanne ꝛc. bis zum Aussteller. Wird die Notifikation **unterlassen,** so besteht zwar der Regreß in Höhe der Wechselsumme, geht aber wegen Zinsen und Kosten unter, außerdem haftet der Unterlassende für den durch die Unterlassung entstandenen Schaden.

4. **Remboursregreß:** jeder Indossant, der einen mangels Zahlung protestierten Wechsel einlöst, erhält den quittierten Wechsel und kann dafür beim Vormanne Remboursregreß nehmen. Remboursregreß geht auf die Wechselsumme nebst 6 % Zinsen seit dem Zahlungstage, Kosten, 1/3 % Provision. Mit jedem Remboursregresse steigt die Regreßsumme, sog. **Kumulationssystem.**

Rimesse: der gezogene Wechsel, der vom Inhaber als Deckung oder Zahlung seinem Gläubiger zugesandt wird, z. B. demjenigen, der vom Inhaber aus einem anderen Wechsel Remboursregreß nimmt.

Rimesse bezeichnet im Verkehre jedes als Zahlungsmittel zugesandtes Wertpapier.

§ 16. Intervention.

W 56 bis 65.

Intervention ist Eintreten einer Person zum Akzepte oder zur Zahlung, wenn der Wechsel **Not leidet,** d. h. mangels Annahme oder mangels Zahlung protestiert ist.

Notadresse: Eintritt eines neuen Bezogenen ist bereits auf der Tratte vorgesehen.

Ehrenintervention: eine im Wechsel nicht genannte Person akzeptiert oder zahlt; — Ehrenakzeptant und Ehrenzahler.

Intervention erfolgt zu Gunsten eines **Honoraten,** damit Regreß und dementsprechend Kosten vermieden werden.

Präsentation bei der Notadresse und ev. Protest mangels Annahme erfolgt zur Vermeidung des Verlustes des Sicherheitsprozesses; wird Präsentation zur Zahlung unterlassen, dann geht Zahlungsprozeß gegen den Honoraten verloren.

Bei **mehreren Notadressen** ist diejenige zu nehmen, deren Zahlung die größte Zahl von Verpflichteten befreit.

Durch **Ehrenzahlung** hat der Ehrenzahler Regreß gegen den Honoraten und dessen Vormänner.

§ 18. Vervielfältigung.

W 66 bis 72.

Vervielfältigung erfolgt durch Duplikate und Kopieen.

Duplikate: mehrere Exemplare eines Wechsels werden im Originale ausgestellt; Bezeichnungen: Prima, Sekunda, Tertia ꝛc. Wird kein Duplikat ausgestellt, dann heißt der Wechsel Solawechsel.

Jedoch versteht man im Verkehre unter Solawechsel den eigenen Wechsel.

Kopieen sind nicht Originale, sondern Abschriften des Originales; jedoch kann Kopie durch die **Arretierungsklausel** „bis hierher Abschrift" dem Originale gleichwertig werden.

§ 18. Verjährung.

W 77 bis 79; B 208 bis 217.

Verjährung beginnt gegen den letzten Inhaber mit dem **Protesttage** zu laufen; gegen Indossanten mit dem **Zahlungstage,** sonst mit **Klageerhebung**.

Regreßanspruch des letzten Inhabers gegen Indossanten und Aussteller verjährt:

1. in **drei** Monaten: wenn Wechsel in Europa außer Island und Faröern zu zahlen ist;
2. in **sechs** Monaten: Küstenländer und Inseln Asiens und Afrikas längs des mittelländischen und schwarzen Meeres;
3. in **achtzehn** Monaten: in den übrigen Fällen.

Regreß des **Indossanten** gegen Vormänner und Aussteller verjährt in denselben Fristen, wenn Wohnort des Regreßnehmers in den entsprechenden Ländern liegt.

Unterbrechung der Verjährung wie im Bürgerlichen Rechte; vgl. Grundriß Band 1, Seite 32.

Bereicherungsklage des Eigentümers des Wechsels gegen Aussteller oder Akzeptanten nach der Verjährung ist nach bürgerlichem Rechte zu beurteilen; Indossanten sind jedoch nach Wechselrecht befreit.

§ 19. Fehlerhafte Wechsel.

W 73 bis 76; 4, 94, 95; B 126.

Unvollständigkeit liegt vor, wenn wesentliche Erfordernisse fehlen; in diesem Falle besteht auch keine wechselmäßige Verpflichtung des Akzeptanten, Indossanten, Avalen. Jedoch kann mangelhafter Wechsel Obligation des bürgerlichen Rechtes begründen.

Mangelhafte Unterschriften sind im Sinne der W:

1. Unterschriften von **Schreibensunkundigen;** deren Kreuze und andere Zeichen gelten nur bei gerichtlicher oder notarieller Beglaubigung. Buchstaben irgend einer anderen als der deutschen Sprache sind zulässig.

2. Unterschrift eines **Nichtbevollmächtigten** gilt nicht für den angeblichen Geschäftsherrn, sondern für den Unterschreibenden selbst.

Fälschungen eines Wechsels erfolgt durch Fälschung überhaupt, d. h. Anfertigung eines falschen Wechsels oder durch Verfälschung eines echten Wechsels. Fälschung macht jedoch nicht den Wechsel überhaupt ungiltig, vielmehr bleiben die echten Unterschriften des Akzeptanten und der Indossanten wirksam.

2. Abschnitt:

§ 20. Der eigene Wechsel.

W 72, 96, 100.

Eigener oder trockener Wechsel: Summenversprechen; während gezogener Wechsel Zahlungsaufforderung enthält.

Wesentliche Erfordernisse des eigenen Wechsels: **Wechsel, Betrag, Remittent, Zeit, Unterschrift, Datum und Zahlungsversprechen.**

Unterschiede vom gezogenen Wechsel:

kein Akzept, anderer Sicherheitsregreß, kein eingener Wechsel an eigene Order, kein Duplikat.

Verjährung des Wechselanspruchs gegen den Aussteller: drei Jahre vom Verfalltage an.

3. Kapitel:

Wechselverfahren.

§ 21. Aufgebot.

W 36, 74; Z 1018, 1005; W 73.

Verpflichtung aus dem Wechsel nur gegen Vorweisung und Uebergabe zu erfüllen; daher mit **Untergang** der Urkunde auch Untergang des Forderungsrechtes.

Durch **Abhandenkommen** der Urkunde, z. B. durch unfreiwilligen Verlust, Diebstahl, Raub, ist Geltendmachung durch den Berechtigten an sich unmöglich, — jedoch kann ein anderer als der rechtmäßige Eigentümer den Anspruch aus dem Wechsel geltend machen, wenn er von dem unredlichen Erwerb ohne Fahrlässigkeit und im guten Glauben erworben hat, auch formell aus dem Wechsel legitimiert erscheinen.

Rechtmäßiger Eigentümer hat zur Erlangung der Urkunde zwei Wege:

1. bei **Kenntnis des Besitzers** des Wechsels den Herausgabeanspruch. Kläger ist der Eigentümer, d. h. der durch den Wechsel rechtmäßig Legitimierte, der den Besitz verloren hat. Beklagter: der gegenwärtige Besitzer des Wechsels, der entweder aus dem Papiere nicht formell legitimiert ist oder der das Papier grob fahrlässig oder in bösem Glauben erworben hat.

2. bei **Nichtkenntnis des Besitzers** des Wechsels Kraftloserklärung oder Amortisation des Wechsels im Wege des Aufgebotsverfahrens. Zuständig ist das Gericht des Zahlungsortes. Auf Antrag des rechtmäßigen Eigentümers des verlorenen Papieres wird vom Gerichte **Aufgebot** erlassen. Meldet sich im Termine der gegenwärtige Besitzer, so hat der Eigentümer gegen ihn ev. den Herausgabeanspruch. Meldet sich niemand, dann wird durch Ausschlußurteil der Wechsel für kraftlos erklärt.

Der Eigentümer des abhanden gekommenen Wechsels kann nach Einleitung des Amortisationsverfahrens vom Akzeptanten **Zahlung** fordern, wenn er bis zur Amortisation des Wechsels Sicherheit bestellt. Ohne Sicherheitsstellung kann er nur **Hinterlegung** der Summe bei Gerichte oder bei anderer Hinterlegungsstelle verlangen.

§ 22. Urkundenprozeß.

Z 592 bis 701; 540, 541; 321; 110_2; 538_4; 708_4.

Fünftes Buch der Z: Urkunden- und Wechselprozeß.

Im **Urkundenprozesse** kann unter bestimmten Voraussetzungen geltend gemacht werden ein Anspruch auf Zahlung einer bestimmten Geldsumme oder auf Leistung einer bestimmten Quantität anderer vertretbarer Sachen oder Wertpapiere, insbesondere auch ein Anspruch aus Hypothek, Grundschuld, Rentenschuld.

Besondere Voraussetzungen:

1. in der Klage muß erklärt werden, daß im Urkundenprozesse geklagt werde;

2. sämtliche zur Begründung des Anspruches erforderlichen Thatsachen müssen durch Urkunden bewiesen werden;

3. Urkunden müssen in Urschrift oder in Abschrift der Klage oder einem vorbereitenden Schriftsatze beigefügt werden; zwischen Zustellung dieses vorbereitenden Schriftsatzes und dem Verhandlungstermine muß ein der Einlassungsfrist gleicher Zeitraum liegen.

Auf Grund **prozeßhindernder Einreden** darf Beklagter die Verhandlung zur Hauptsache nicht verweigern; jedoch kann Gericht von Amtswegen abgesonderte Verhandlung über die Einreden anordnen.

Erhebung der Widerklage ist unstatthaft.

Beschränkung der Beweismittel:

1. die den Anspruch begründenden Thatsachen können nur durch Urkunden bewiesen werden;

2. andere Thatsachen sowie die Echtheit und Unechtheit einer Urkunde können nur durch Urkunden oder Eideszuschiebung bewiesen werden.

Urkundenbeweis wird durch **Vorlegung** der Urkunden angetreten; Eidesleistung wird durch Beweisbeschluß angeordnet.

Umwandlung des Urkundenprozesses in das ordentliche Verfahren kann bis zum Schlusse der mündlichen Verhandlung durch Erklärung des Klägers ohne Einwilligung des Beklagten erfolgen.

Abweisung des Klägers erfolgt, wenn der Anspruch an sich oder durch Einrede des Beklagten unbegründet erscheint.

Klage wird als **in der gewählten Prozeßart unstatthaft abgewiesen,** wenn Urkundenprozeß überhaupt unzulässig ist, oder wenn Kläger mit den zulässigen Beweismitteln den Beweis nicht antritt oder nicht vollständig führt. Dies trifft auch dann zu, wenn Beklagter im Termine nicht erscheint oder nur mit unbegründeten oder unstatthaften Einwendungen der Klage widerspricht.

Beklagter hat seine Einwendungen mit den im Urkundenprozesse zulässigen Beweismitteln zu beweisen, sonst Zurückweisung als im Urkundenprozesse unstatthaft.

Vorbehaltsurteil: wird Beklagter trotz seines Widerspruches gegenüber dem Anspruche verurteilt, so wird ihm die Ausführung seiner Rechte vorbehalten. Vorbehaltsurteil gilt in

Betreff der Rechtsmittel und der Zwangsvollstreckung als Endurteil; jedoch bleibt Prozeß im ordentlichen Verfahren anhängig.

Ergänzung des Urteiles wegen des Vorbehaltes erfolgt durch nachträgliche Entscheidung auf Antrag; Antragstellung binnen einer Woche seit Urteilszustellung geschieht durch Zustellung eines Schriftsatzes. Mündliche Verhandlung wegen der Ergänzung erstreckt sich nur auf diesen einen Punkt.

Erhebt ein **Ausländer** Klage im Urkundenprozesse, so ist er von Sicherheitsleistung befreit.

Urteile im Urkundenprozesse sind auch ohne Antrag für **vorläufig vollstreckbar** zu erklären.

§ 23. Wechselprozeß.

Z 602 bis 605; 4_2; 110_2; 538_4; 708_4; G 101_2, 202_5.

Wechselprozeß ist eine Unterart des Urkundenprozesses, zulässig nur bei Ansprüchen aus Wechsel im Sinne der W, das ist ein in lebender Sprache ausgestellter Wechsel, der den gesetzlichen Erfordernissen des Ausstellungsortes genügt.

Voraussetzung ist, daß sämtliche den Wechselanspruch begründenden Thatsachen durch Urkunden bewiesen werden können.

Eideszuschiebung ist als Beweismittel zulässig:

1. bei anderen Thatsachen (als den den Anspruch Begründenden) sowie über Echtheit oder Unechtheit des Wechsels und anderer erforderlicher Urkunden;

2. über Präsentation des Wechsels in solchen Fällen, wo rechtzeitige Protesterhebung zur Erhaltung des wechselmäßigen Anspruches nicht erforderlich ist.

Glaubhaftmachung genügt, um eine Nebenforderung zu begründen.

Wertberechnung des Streitgegenstandes läßt Zinsen, Provision, Kosten unberücksichtigt.

Zuständigkeit richtet sich sachlich und örtlich nach den allgemeinen Vorschriften; jedoch ist zu beachten:

1. im **landgerichtlichen** Prozesse kann vor der Kammer für Handelssachen verhandelt werden; vgl. Grundriß Band 8, Seite 37.

2. **örtliche Zuständigkeit:** Wechselklagen können beim Gerichte des Zahlungsortes und im allgemeinen Gerichtsstande des Beklagten angestrengt werden; bei einer Klage gegen

mehrere Wechselverpflichtete kann auch im allgemeinen Gerichtsstande eines jeden Beklagten geklagt werden.

Klageschrift muß die **Erklärung** enthalten, daß im Wechselprozesse geklagt wird; Urkunden, die zum Beweise der Klagethatsachen dienen, z. B. Wechsel, Protest, Retourrechnung, sind im Originale oder in Abschrift der Klage beizufügen.

Einlassungsfrist beträgt:

1. mindestens **24 Stunden:** bei Zustellung am Sitze des Prozeßgerichtes;
2. mindestens **drei Tage:** an einem andern Orte innerhalb des Landgerichtsbezirkes;
3. mindestens **eine Woche:** an einem anderen deutschen Orte.

Ladungsfrist ist der Einlassungsfrist gleich, außer daß sie nach den allgemeinen Bestimmungen kürzer ist.

Im Uebrigen: alle Vorschriften des Urkundenprozesses.

2. Abteilung.

Seerecht.

§ 24. Begriffe.

RV $4_{7 \text{ und } 9}$; 8_2; 53 bis 55; EH 20; H 474 bis 555; G 103_3.

Seerecht im w. S.: die Gesamtheit der Normen, die die Rechtsverhältnisse der Seeschiffe regeln. Also nicht nur für Kauffahrteischiffe oder Seehandelsschiffe, sondern auch für Kriegsschiffe, Nordpolfahrer, Walfischfänger, Vergnügungsschiffe auf See.

Nicht zum Seerechte gehört das **Binnenschiffahrtsrecht,** jedoch sind seerechtliche Vorschriften in das Binnenrecht übernommen worden.

Seerecht im engeren Sinne: Gesamtheit der Rechtsregeln über die Verhältnisse der Seeschiffahrt.

Einteilung in öffentliches und privates Seerecht:

öffentliches: Staatsseerecht und Völkerseerecht.

privates: Rechtsätze über den Betrieb der Seeschiffahrt, insbesondere über die einschlägigen Geschäfte.

Kauffahrteischiffe sind Schiffe, die zum Erwerbe durch die Seefahrt bestimmt sind.

Ueber ein fertig gestelltes Schiff wird ein **Zertifikat** ausgestellt, dieses beweist Eintragung ins Schiffsregister und Flaggenrecht. Ausstellung des Zertifikates erfolgt nach der Eintragung in das Schiffsregister des Heimatshafens.

Flaggenrecht, d. h. Recht auf Führung der deutschen Flagge als Nationalflagge, haben alle mit Zertifikat versehenen deutschen Kauffahrteischiffe, die im ausschließlichen Eigentume deutscher Staatsangehöriger stehen.

Schiffe von nicht mehr als fünfzig Kubikmeter Bruttoraumgehalt haben auch ohne Zertifikat Flaggenrecht.

Zubehör eines Schiffes sind alle Sachen, die zu bleibendem Gebrauche des Schiffes bei der Seefahrt bestimmt sind, insbesondere die Schiffsboote. Im Zweifel gilt als Zubehör, was ins Schiffsregister eingetragen ist.

Seeuntüchtig gewordenes Schiff ist entweder reparaturunfähig oder reparaturunwürdig.

Reparaturunfähig: wenn die Reparatur unmöglich oder gerade an dem Aufenthaltsorte des Schiffes unausführbar ist und das Schiff nicht nach dem Hafen gebracht werden kann.

Reparaturunwürdig: wenn die Kosten der Reparatur ohne Abzug für den Unterschied zwischen alt und neu mehr betragen würden, als drei Viertel des früheren Wertes.

Schiffsbesatzung besteht aus dem Schiffer, Schiffsmannschaft, allen übrigen auf dem Schiffe dauernd oder auf Zeit zu Schiffsdiensten **angestellten Personen.**

Europäischer Hafen: jeder Hafen Europas und die nichteuropäischen Häfen des mittelländischen, schwarzen, azowschen Meeres.

Ein **segelfertiges Schiff,** d. i. ein zum Abgehen fertiges, kann wegen Schulden, die nicht gerade für die anzutretende Reise gemacht sind, nicht mit Beschlag belegt werden.

Rheder: Eigentümer eines ihm zum Erwerbe durch die Seefahrt dienenden Schiffes.

Haftung des Rheders ist erweitert und beschränkt:

erweitert: für den Schaden, den eine Person der Schiffsbesatzung einem Dritten durch ihr Verschulden in Ausführung ihrer Dienstverrichtungen zufügt; ferner für die Forderungen der zur Schiffsbesatzung gehörigen Personen aus den Dienst- und Häuerverträgen, außerdem in allen Fällen der sonst beschränkten Haftung, wenn den Rheder bei der Erfüllung eines Vertrages ein Verschulden trifft oder er die erweiterte Haftung übernommen hat.

beschränkt: bei Ansprüchen aus Rechtsgeschäften des Schiffers innerhalb seiner gesetzlichen Befugnisse, ferner wegen Nichterfüllung eines vom Rheder abgeschlossenen Vertrages, dessen Ausführung zu den Dienstobliegenheiten des Schiffers gehört, außerdem, wenn Anspruch sich auf das Verschulden einer Person der Schiffsbesatzung gründet.

Erweiterte Haftung ist das Einstehen des Rheders mit seinem ganzen Vermögen, **fortune de terre.**

Beschränkte Haftung ist Einstehen mit **fortune de mer,** bestehend aus Schiff und verdienter Fracht.

Diese beschränkte Haftung des deutschen und schwedischen Seerechtes ist das **Exekutionssystem;** nach französischem, belgischem, holländischem Rechte: **Abandonsystem;** nach englischem und spanischem Rechte: **gemischtes System.**

Rhederei: Gesellschaft mehrerer Rheder, sog. Mitrheder oder Schiffsfreunde. Schiff samt Zubehör wird in Schiffsparten zerlegt.

Bestimmungen über die Angelegenheiten der Rhederei giebt der Gesellschaftsvertrag ev. das Gesetz.

Beschlußfassung nach Stimmenmehrheit, Stimme richtet sich nach Größe und Zahl der Schiffsparten. **Einstimmigkeit** ist erforderlich bei Beschlüssen, die den Rhedereivertrag abändern oder seinen Bestimmungen entgegenhandeln oder dem Zwecke der Rhederei fremd sind.

Korrespondentrheder oder Schiffsdirektor oder Schiffsdisponent, kann durch Mehrheitsbeschluß aus der Zahl der Mitrheder bestellt werden; ein Nichtmitrheder nur durch Einstimmigkeit.

Befugnisse des Korrespondentrheders gegenüber Dritten:

1. Vornahme aller Geschäfte und Rechtshandlungen, die im gewöhnlichen Rhedereibetriebe vorkommen; insbesondere Ausrüstung, Erhaltung und Verfrachtung des Schiffes, Versicherung der Fracht, Ausrüstungskosten und Havereigelder, ferner Empfangnahme der im gewöhnlichen Betriebe eingehenden Gelder;

2. Vertretung der Rhederei vor Gerichte in dem zu 1 angegebenen Umfange;

3. Anstellung und Entlassung des Schiffers; Schiffer hat sich nur an die Weisung des Korrespondentrheders, nicht an die eines Mitrheders, zu halten.

Beschränkungen dieser gesetzlichen Befugnisse kann die Rhederei einem Dritten nur entgegensetzen, wenn der Dritte beim Geschäftsabschlusse sie kannte.

Beschränkung des Korrespondentrheders:

1. **Einholung der Beschlüsse** der Rhederei ist erforderlich zu neuen Reisen und Unternehmungen, außergewöhnlichen Reparaturen, Anstellung und Entlassung des Schiffers;

2. nur mit besonderer Vollmacht darf der Korrespondentrheder **Wechselverbindlichkeiten** eingehen, Darlehen aufnehmen, Schiffe oder Schiffsparten verkaufen oder verpfänden oder versichern.

Korrespondentrheder hat in Angelegenheiten der Rhederei die **Sorgfalt** eines ordentlichen Rheders anzuwenden; er hat über Geschäftsführung besonders Buch zu führen und jedem Mitrheder Einsicht zu gestatten. Auf Beschluß der Rhederei hat er jederzeit **Rechnung** zu legen.

Für **Schulden der Rhederei** haftet das Schiffsvermögen der Rhederei; in den w. o. S. 24 angegebenen Fällen unbeschränkter Haftung auch das Vermögen eines jeden Mitrheders entsprechend der Größe seiner Schiffsparten.

Beendigung der Rhederei erfolgt durch Mehrheitsbeschluß, durch Veräußerung oder Untergang des Schiffes im ganzen, sowie durch Konkurs über alle Mitrheder.

Für **Streitigkeiten** über das Verhältnis zwischen Rheder oder Schiffer und Schiffsmannschaft kann die Entscheidung durch den Vorsitzenden der Kammern für Handelssachen allein erfolgen.

Schiffer oder Schiffskapitän ist der Führer des Schiffes auf der Seereise, der Aufsicht über Schiff und Ladung hat.

Schiffer hat bei Verrichtung seines Dienstes, insbesondere bei Erfüllung von Verträgen, die **Sorgfalt** eines ordentlichen Schiffers anzuwenden.

Haftung des Schiffers gegenüber jedem Beteiligten erstreckt sich auf den durch sein Verschulden entstandenen Schaden, insbesondere wegen Verletzung seiner gesetzlichen Pflichten.

Pflichten des Schiffers sind: Untersuchung des Schiffes auf Seetüchtigkeit, Anstellung des erforderlichen Personals, Ueberwachung der Ladung und Stauung der Güter, Führung eines Tagebuches, Aufenthalt auf dem Schiffe und Nichtverlassen zur Unzeit, keine unnötige Verzögerung der Abreise, ferner bei Unfällen Ablegung der Verklarung.

Verklarung oder Seeprotest ist der vom Schiffer in Gegenwart der Schiffsmannschaft vor dem Gerichte oder Konsulate abgegebene Bericht über Unfälle auf der Reise.

Rechte des Schiffers:

1. nach Verlassen des Heimathafens **Vertretung** des Rheders in allen die Seereise betreffenden Rechtshandlungen, insbesondere Ausrüstung, Verproviantierung, Bemannung, Aufnahme von

Darlehen zur Erhaltung des Schiffes, im äußersten Notfalle auch Verkauf des Schiffes;

2. Anspruch auf die vertragsmäßige **Gage;**

3. **Aufsicht** und Disziplin über die Schiffsmannschaft;

4. nur auf Grund besonderer Vollmacht Eingehung von Wechselverbindlichkeiten.

Endigung des Dienstverhältnisses kann jederzeit durch willkürliche Entlassung erfolgen.

Schiffsmannschaft ist die gesamte Schiffsbesatzung mit Ausnahme des Schiffers, der Aerzte, Kassenbeamten, Proviantmeister, Aufwärter, Köche und Maschinenpersonal. Insbesondere sind **Schiffsmannschaft:** die Schiffsoffiziere, Vollmatrosen, Leichtmatrosen, Schiffsjungen sowie Bootsmann, Zimmermann, Segelmacher.

Schiffsoffizier ist jeder, der auf dem Schiffe ein Kommando führt auf Kauffahrteischiffen: Kapitän, Steuermann, Bootsmann; auf Dampfschiffen: außer diesen noch die Ingenieure und Maschinisten.

Vor Eingehung des Heuervertrages hat der Schiffsmann sich von einem Seemannsamte nach Ausweis über Namen, Heimat, Alter ein **Seefahrtsbuch** ausfertigen zu lassen. Hierauf erfolgt nach Abschluß des Vertrages die **Anmusterung,** d. i. Ausfertigung der Musterrolle vor dem Seemannsamte, enthaltend die wesentlichsten Vertragsbedingungen und Eintragung eines Vermerkes in das Seefahrtsbuch.

Pakotillevertrag: Seemann verpflichtet sich, für Rechnung eines Auftraggebers die in seinem Koffer mitgenommenen Waren an bestimmten überseeischen Orten zu verkaufen.

Heuer oder Gage ist mangels besonderer Beredung nach Beendigung der Reise zu zahlen.

§ 25. Geschichte.

Seit dem 12. sc. Aufzeichnungen von Gebräuchen des Seerechtes und von Urteilen; insbesondere Weistümer des Seegerichtshofes von **Oléron,** la charte d'Oléroun; Seerecht von **Amalfi,** Consolat del mar, dann **cwisby'sches** Seerecht, **hanseatisches** Seerecht.

In **Frankreich** durch Ludwig XIV 1681 ordonnance touchant la marine.

Im **allgemeinen deutschen Handelsgesetzbuche** Buch V: vom Seehandel. Beratung dieses Buches auf Grundlage eines preußischen Entwurfes in Hamburg 1858 bis 1860.

Bei der **Revision** 1897 ist das bisherige fünfte Buch jetzt viertes Buch geworden.

§ 26. Quellen.

H 474 bis 905; **viertes Buch**: vom See-Handel, in elf Titeln, insbesondere

a. allgemeine Bestimmungen, **Rheder** und Rhederei, Schiffer;
b. Frachtgeschäft zur **Beförderung** von Gütern und zur Beförderung von Reisenden, Bodmerei, Haverei;
c. Bergung und Hilfsleistung in Seenot;
d. Schiffsgläubiger;
e. Versicherung gegen die Gefahren der Seeschiffahrt;
f. Verjährung.

Seemannsordnung vom 27. Dezember 1872.

Gesetz, betreffend die Untersuchung von **Seeunfällen** vom 27. Juli 1877.

Gesetz, betreffend die **Prisengerichtsbarkeit** vom 3. Mai 1884.

Strandungsordnung vom 17. Mai 1874.

§ 27. Rechtsverhältnisse im allgemeinen.

H 556 bis 558; 606, 697, 629 bis 693; 812 bis 817; 882 bis 894.

Seefrachtvertrag: Verfrachter (Rheder oder Schiffer) verpflichtet sich gegenüber dem Befrachter, Güter über See zu transportieren, Befrachter verpflichtet sich zur Zahlung eines Entgeltes, der sog. Fracht.

Arten der Befrachtung:

Befrachtung en bloc: Schiff wird im ganzen oder für einen bestimmten Raum oder zu einem Teile verfrachtet.

Befrachtung en cueillette: für einzelne Güter, sog. Stückgüter.

Bei der Befrachtung en bloc spricht man vom **Chartern** des Schiffes; jede Partei kann hierbei Errichtung einer schriftlichen Urkunde, carta partita oder **Charteparti**e, verlangen.

Haftung des Verfrachters für Verlust oder Beschädigung der Güter, es sei denn, daß Verlust oder Beschädigung auf Umständen beruhen, die durch die Sorgfalt eines ordentlichen Verfrachters nicht abgewendet werden konnten. Für **Geld**,

Kostbarkeiten, Kunstgegenstände haftet der Verfrachter nur, wenn dies bei Abladung dem Schiffer gesagt worden ist.

Verfrachter hat wegen seiner Frachtforderung **Pfandrecht** an den Gütern.

Konnossement ist ein vom Schiffer für den **Ablader** ausgestelltes Waren- und Orderpapier, in dem der Empfang der Güter, ihre genaue Bezeichnung, Namen der beteiligten Personen und des Schiffes, Abladungs- und Löschungshafen, Fracht, Datum der Ausstellung und Zahl der angefertigten Exemplare angegeben ist.

Ablieferung der Güter erfolgt im Löschungshafen an den legitimierten Inhaber des Konnossementes.

Auflösung des Frachtvertrages ohne Entschädigung erfolgt, wenn vor Beginn der Reise Schiff oder Ladung zufällig verloren werden.

Rücktrittsrecht jeder Partei ohne Entschädigung: bei Kriegsgefahr, Embargo, Beschlagnahme, Verfügung von hoher Hand.

Beförderung von Reisenden zur See geschieht, indem das Schiff ganz oder teilweise oder für eine bestimmte Personenzahl gechartert wird, — oder durch Ueberfahrtsvertrag mit dem einzelnen Reisenden.

Reichsgesetz über das **Auswanderungswesen** vom 9. Juni 1897.

Bodmerei ist seerechtlicher Darlehnsvertrag, bei dem der Gläubiger oder Bodmerist das Darlehn nicht zurückfordern kann, wenn die verbodmeten Gegenstände (Schiff oder Fracht oder Ladung oder mehrere hiervon) bei der Bodmereireise untergegangen sind.

Uneigentliche Bodmerei in zwei Formen:

1. **Beilbriefdarlehn:** Verbodmung des Schiffes zum Zwecke der Erbauung, Ausrüstung oder Reparatur;

2. **Großaventureivertrag:** Verbodmung der Ladung durch den Befrachter zum Zwecke der Anschaffung von Waren.

Ueber den Bodmereivertrag wird der **Bodmereibrief** ausgestellt; diese Urkunde ist für die Errichtung des Geschäftes wesentlich.

Foenus nauticum des römischen Rechtes: Zahlung von Kapital und Prämie ist bedingt durch glückliche Fahrt. *Ueber Unterschiede von der Bodmerei Note A.*

Seeversicherung kann betreffen: Schiff, Zubehör oder Kasko, Ladung, Fracht; jedoch nicht die Heuerforderungen. Versicherung darf das wirkliche Interesse **nicht** übersteigen; sie kann erfolgen „für wen es angeht.“

Versicherer hat alle Gefahren zu tragen, ausgenommen Schaden infolge Seeuntüchtigkeit des Schiffes oder durch natürliche Beschaffenheit oder Verpackung der Waren oder durch eigenes Verschulden des Versicherten.

Ristorno: Rückforderung der bereits gezahlten Prämie nach Abzug der Ristornogebühr, wenn wegen Nichteintrittes der Reise der Vertrag durch den Versicherten nicht ausgeführt wird.

Abandon: Abtretung des verlorenen 2c. Gegenstandes der Versicherung und dafür Einforderung der Versicherungssumme.

§ 28. Einzelheiten.

H 707, 716; 728, 734 bis 739; 754, 755; 761, 776; 905 bis 905.

Schiffsgläubiger sind die durch privilegiertes gesetzliches **Pfandrecht** an Schiff und Fracht gesicherten Gläubiger. **Schiffsgläubiger sind**:

1. **Bewachungskosten** bei Zwangsvollstreckung;
2. öffentliche Abgaben, sog. **kleine Haverei**;
3. **Heuer**;
4. **Lotsengelder**, Bergungskosten;
5. Leistungen des Schiffes zur **großen Haverei**;
6. **Bodmereidarlehn** und Kreditgeschäfte, die auswärts vom Schiffer gemäß besonderer Vollmacht oder aus Not abgeschlossen werden;
7. **Ersatzansprüche** wegen Nichtablieferung oder Beschädigung der Ladung oder Reiseeffekten;
8. Förderung aus **Delikten** der Schiffsbesatzung;
9. sonstige Ansprüche aus **Rechtsgeschäften** des Schiffers innerhalb der gesetzlichen Befugnisse;
10. **Ansprüche** der Berufsgenossenschaft und der Versicherungsanstalt gegen den Rheder.

Haverei: alle Schäden und Kosten während der Seereise, mit Ausnahme des vollständigen Unterganges.

Arten der Haverei:

große: alle Aufwendungen und Schäden, die vorsätzlich zur Rettung von Schiff und Ladung aus gemeinsamer Gefahr gemacht werden;

kleine: die gewöhnlichen Kosten der Schiffahrt.

Große Haverei entstanden im Seerechte der Insel Rhodos; im römischen Rechte lese **rhodia** de jactu.

Zur Verteilung des Schadens unter die von der gemeinsamen Gefahr Bedrohten erfolgt Aufmachung der **Dispache.**

Verjährung im Seerechte in drei Fristen:

1. in **einem** Jahre: Forderungen der Schiffsgläubiger, Forderung aus Bodmerei und großer Haverei, persönliche Ansprüche gegen Ladungsbeteiligte, Ueberfahrtsgelder; alle nicht zu 2 oder 3 genannten seerechtlichen Forderungen;

2. in **zwei** Jahren: Forderungen der Schiffsbesatzung wegen der Heuer, wenn Entlassung jenseits des Vorgebirges der guten Hoffnung oder des Kap Horn erfolgt, — Entschädigung für Zusammenstöße von Schiffen;

3. in **fünf** Jahren: Forderungen aus dem Seeversicherungsvertrage.

Wirkungen der Verjährungen wie im bürgerlichen Rechte.

FSC
www.fsc.org
MIX
Papier | Fördert gute Waldnutzung
FSC® C083411

Kolibri 360 GmbH
Ferdinand-Jühlke-Straße 7
99095 Erfurt, Deutschland
produktsicherheit@kolibri360.de